14 TABLEAUX

P A R

Eugène FICHEL

CATALOGUE

DE

14 TABLEAUX

PAR

EUGÈNE FICHEL

DONT LA VENTE AURA LIEU

HOTEL DROUOT, SALLE N° 6

LE JEUDI 20 AVRIL 1876

A TROIS HEURES ET DEMIE

<hr>

EXPOSITIONS :

PARTICULIÈRE : LE MARDI 18 AVRIL 1876.
PUBLIQUE : LE MERCREDI 19 AVRIL 1876.
De 1 heure à 5 heures.

<hr>

Me CHARLES PILLET,	M. FÉRAL,
COMMISSAIRE-PRISEUR,	PEINTRE-EXPERT
10, rue de la Grange-Batelière.	54, rue du Faubourg-Montmartre.

CONDITIONS DE LA VENTE

Elle sera faite au comptant.

Les adjudicataires payeront *cinq pour cent* en sus des enchères.

Paris. — *Typ. Pillet fils aîné, 5, rue des Grands-Augustins.*

DÉSIGNATION

1. Le Jour de réception.

Bois. Haut., 5o cent.; larg., 8o cent.

2. Le Déjeuner.

Bois. Haut., 38 cent.; larg. 46 cent

3. La Toilette.

Bois. Haut., 38 cent.; larg., 46 cent.

4. Un corps de garde.

Salon de 1874.

Bois. Haut , 32 cent. ; larg., 41 cent.

5. La Visite.

Bois. Haut., 55 cent. ; larg , 45 cent.

6. La Soubrette.

Bois. Haut., 40 cent.; larg., 32 cent.

7. Les Musiciens.

Toile.. Haut., 41 cent. ; larg.. 33 cent.

8. Les Joueurs d'échecs.

Toile. Haut. 27 cent.; larg., 21 cent.

9. Les Amateurs de tableaux.

Toile. Haut., 27 cent.; larg., 22 cent.

10. Les Joueurs de cartes.

Bois. Haut., 27 cent.; larg., 21 cent.

11. Les Amateurs de gravure.

Bois. Haut., 27 cent.; larg., 21 cent.

12. **Les Lettres.**

Bois. Haut., 22 cent.; larg., 16 cent.

13. **La Séance de portrait.**

Bois. Haut., 21 cent.; larg., 16 cent.

14. La Lettre de recommandation.

Bois. Haut., 21 cent. ; larg., 16 cent.